Jérôme Talo

L'AMOUR PAR INTERNET

Illustrations : Ann Harvey

TEEN READERS

Jérôme Talou
L'amour par internet
Teen Readers, Niveau 2

Rédacteurs de série :
Ulla Malmmose et Charlotte Bistrup

ISBN Danemark 978-87-23-90578-9
www.easyreaders.eu

The CEFR levels stated on the back of the book
are approximate levels.

Easy Readers
EGMONT

Imprimé au Danemark

Biographie de l'auteur

Jérôme Talou ne vit pas à Pau. Il n'a pas le temps d'avoir une petite-amie. Il passe beaucoup de temps à aider sa pauvre grand-mère. Il ne jongle pas et ne porte pas de bijoux. Il n'a jamais été dans un chatroom.

Chapitre 1

Bruno Guillard a seize ans. Il habite avec sa mère à Pau, dans le sud-ouest de la France. Si tu as lu les aventures de Bruno dans un livre qui s'appelle **Parce que je t'aime**, il faut dire tout de suite que Bruno a changé. Maintenant il est plus *sage*. Il ne *drague* plus les filles sur les « sites de chat ». Oh, bien sûr, il aime toujours les filles mais maintenant il a plus de respect pour elles. Il aimerait bien trouver une petite amie, pas seulement pour une semaine ou un mois, mais pour toute la vie. Il a seize ans. Il devrait vivre pendant encore une soixantaine d'années. Soixante ans avec la même personne ! Elle devra être une femme très spéciale !

Mais où la trouver ? Les filles à l'école sont, en général, un peu infantile. Une fois, il a invité Anne-Amélie à jouer avec sa Playstation et elle a beaucoup ri. Elle a dit : « Oui, oui, je viens ! Et après, on jouera avec mes poupées, comme des enfants ! ».

Elle n'avait rien compris. Les Playstations, les adultes y jouent aussi. Même son père en a une chez lui et il a quarante-trois ans ! Les parents de Bruno sont divorcés. Deux fois par mois, il va passer une journée chez son père à Toulouse. Avant d'avoir sa Playstation, ce n'était pas facile de passer huit heures en compagnie de son père et de sa copine du moment. Mais il a offert à Bruno une Playstation à Noël et maintenant il peut y jouer toute la journée !

sage, raisonnable
draguer, flirter

Un jour, chez son père, il a joué à conduire sa voiture à toute vitesse dans une ville américaine. Il a tué beaucoup de gens et puis bip, bip : un message sur son portable. Bruno a essayé de conduire tout en regardant son portable mais, comme les gens sur la route, il n'a pas réussi. Il a eu un accident grave et Bruno est mort.

– *Mince* ! a dit Bruno et il a pris son portable.

Salut B, G une copine! Dani, elle est blonde. Pas mal non ?! A+ Roland.

Roland Guyonnet a une copine ? Ce n'est pas vrai ! Ce n'est pas possible ! Roland est gros et *laid* et il a les cheveux gras, assez pour faire des frites ! Et maintenant il est avec Danielle Wadoux ? En plus, elle n'est pas mal, cette fille. Mais comment il a fait ? Peut-être qu'il l'a hypnotisée. « Regarde-moi dans les yeux, Dani... Tu seras ma copine, Dani... »

Est-ce que ça marche, l'hypnose ? Il faudrait faire un peu de recherche sur Internet, mais à présent, il devait conduire sa voiture dans les rues...

– Salut Bruno !

– Salut, papa !

Il a fait la bise à son père sans lever les yeux de l'écran.

– Bruno, je te présente ma copine, Maria.

– Marianne, a corrigé Marianne.

– Oui, c'est ça, Marianne, a dit Monsieur Guillard, en souriant. J'ai dit Maria parce que c'est plus court que Marianne.

– Mais, je ne suis pas Maria. Je suis Marianne, a insisté Marianne.

– Salut, Marianne, a dit Bruno pendant qu'il traversait un pont en feu.

– Salut...

– Bruno, a ajouté Bruno.

mince !, expressiion de surprise mécontentement
laid, pas beau

– Tu vois ! Toi non plus tu n'es pas bonne avec les noms !

– Ce n'est pas juste, ça. C'est la première fois que je vois Bruno. Alors que toi, tu me connais depuis…

– Mercredi, a dit Monsieur Guillard.

– Oui, mercredi.

« Quatre jours, » a calculé Bruno. Est-ce que Marianne sera encore la copine de son père mercredi prochain ? Il n'y croyait pas. Son père était une vraie catastrophe avec les femmes !

Chapitre 2

Deux semaines plus tard, Bruno se battait avec beaucoup d'hommes très grands et très forts. Il devait sauver une femme de la prison. Heureusement, Bruno n'était mort que deux fois et il lui restait encore une chance de sauver la femme pendant sa dernière vie. Il était un champion de Kung Fu. Il pouvait faire des *bonds* de deux mètres. Il pouvait faire des saltos et, très utile, il pouvait tuer quelqu'un d'un seul coup *de poing*.

« Au secours ! A l'aide ! a crié la femme. »

Mais il y avait trois hommes entre Bruno et la femme. Que pouvait-il faire ?

Les hommes ne parlaient pas. Ils voulaient tuer le petit Bruno. Soudain, Bruno a sauté en l'air, il a frappé de sa main le premier mec et puis…

un bond, un saut. Un kangourou fait des bonds
coup de poing, quand tu frappes quelqu'un avec la main fermée, tu lui donnes un coup de poing

3
1
1

– Salut ! Je m'appelle Nicole !

Une femme d'une quarantaine d'années souriait à Bruno.

– Et toi, tu es Bruno, n'est-ce pas ?

Bruno n'a pas eu le temps de réagir. Les trois mecs ont sauté sur le petit Bruno et sur un coup de pied, Bruno a perdu sa tête. *GAME OVER*.

– Eh bien, à quoi tu joues, là ? a demandé Nicole. C'est violent, ce genre de jeux.

Bruno n'était pas content. Cette femme, en lui parlant, lui avait fait perdre son *Top Score*.

– Salut Brubru ! Tu as déjà sympathisé avec Nicole ? Elle est gentille, non ?

– *VACHEment* gentille, a dit Bruno d'un ton sarcastique.

– Eric, comment est-ce que tu peux acheter un jeu comme ça à Bruno ?

– Ben…

– Ce n'est pas bon pour les jeunes, a déclaré Nicole. Il y a déjà bien assez de violence dans le monde.

– Ben, oui, mais…

– Ben, oui mais quoi, Eric ?

Eric Guillard ne savait que répondre. Pourquoi achète-t-on des jeux violents aux enfants ? Est-ce que Bruno sera un homme violent plus tard dans sa vie à cause de ces jeux ?

– Ben…

GAME OVER, (anglais) Fin de jeu
Top Score, (anglais) 'Meilleur résultat'
vachement, (fam.) Bruno a utilisé ce mot parce qu'il y a 'vache' dedans

– Tu ne sais pas dire autre chose que « ben, ben » ? Eric Guillard, tu n'es qu'un mouton. Qu'un imbécile de mouton !

Après ça, Nicole a pris son sac à main et elle est sortie en *claquant* la porte !

– Ben, ben, papa. Tu n'es qu'un mouton.

– Oui, c'est ça, a dit Eric. Qu'un imbécile de mouton !

Bruno regardait l'écran de son jeu. Il était à terre. Le trois mecs jouaient au foot avec sa tête. Et la femme criait toujours : « Au secours ! A l'aide ! »

Bruno pensait à Roland. Roland Guyonnet avait une petite amie et pas lui ! Ce n'était pas juste ! Maintenant, il était prêt pour le grand amour. Pour une femme comme la femme de son jeu...

– Papa ?

– Oui ?

– Tu l'as rencontrée où, maman ?

– Ta mère ? Et ben, c'était en discothèque !

– Et tu penses qu'une discothèque est un bon endroit pour trouver une femme... si quelqu'un voulait trouver l'amour de sa vie, par exemple ?

Eric a *réfléchi*.

– Ben, il n'y a pas beaucoup de lumière, donc on n'y voit pas trop. La musique y est très forte, donc on n'entend pas trop. C'est comme une loterie ! Oui, c'est un très bon *endroit* pour trouver une femme !

claquant, qui fait beaucoup de bruit
réfléchir, penser
endroit, lieu/place

– Merci.

– Pourquoi, tu connais quelqu'un qui cherche l'amour de sa vie ?

– Oui, a répondu Bruno. Un copain, à l'école, Roland Guyonnet. Il le cherche mais il ne l'a toujours pas trouvé.

– Ben, bonne chance à Roland ! a dit Eric et il a levé son verre pour cacher un sourire.

Chapitre 3

Bruno attendait avec plusieurs personnes devant une *boîte de nuit* qui s'appelait L'Hypnoz. Il faisait chaud, heureusement. Il y avait deux gorilles de chaque côté de la porte. Ils regardaient attentivement tout ceux qui entraient. Quelquefois, ils arrêtaient quelqu'un pour vérifier qu'il n'avait sur lui ni couteau, ni drogue. Mais, heureusement pour Bruno, tout le monde pouvait entrer. Allait-il trouver l'amour de sa vie dans cette boîte ? Bruno était optimiste. Il pensait beaucoup à l'amour. Pas juste à un amour qui ne durerait qu'une ou deux semaines comme cela avait été le cas avant, mais au vrai amour, à l'amour d'une vie. Il avait seize ans. Il ne fumait pas, il allait donc vivre au moins jusqu'à quatre-vingts ans. Quand il aura trouvé la femme de sa vie, il vivra avec elle plus de soixante ans ! Soixante minutes, c'était déjà long (particulièrement pendant les cours d'anglais) mais soixante ans…

boîte de nuit, bâtiment dans lequel on danse le soir

L'HYPNOZ
L'Hypnoz

C'était inimaginable !

– Et toi, tu as quel âge ?

– Dix-huit ans, a répondu Bruno.

– Et moi, je m'appelle Mickey Mouse, a dit l'un des gorilles. Allez, rentre chez toi. Ta mère t'attend avec un chocolat chaud et ton *nounours* !

nounours

– Mais, j'ai dix-huit ans ! a menti Bruno.

– Tu as tes papiers ?

Oui, il avait sa carte d'identité.

– Non, a encore menti Bruno. Je les ai laissés chez moi.

– Va les chercher, alors ! Et reviens dans trois ans ! a dit le gorille en souriant.

Une heure plus tard, Bruno était chez lui allongé sur son lit. Il repensait à sa soirée et aux femmes qu'il avait vues devant la boîte de nuit. Est-ce que la femme de sa vie était là ? Une de ces femmes aux jupes très courtes, trop parfumées et trop *maquillées* ? Bien sûr que non. La femme de sa vie sera très jolie, mais pas… pas comme les copines de son père.

maquillée, se mettre des produits de beauté sur le visage

Chapitre 4

Le lendemain, Bruno prenait son petit-déjeuner avec sa mère. Du chocolat chaud avec des *tartines*. Bruno trempait les tartines dans son chocolat chaud. Il adorait ça ! Un jour, il sera à table avec une jolie femme et, tous les deux, ils mangeront des tartines avec un chocolat chaud. Un grand bol pour eux deux. Il *trempera* les tartines dans le chocolat chaud et les donnera à sa femme. Et puis…

– Bruno ?

– Oui maman ?

– Tu as perdu ta tartine.

– Oh mince !

Bruno avait rêvé trop longtemps et à présent les morceaux de sa tartine flottaient dans son chocolat chaud.

– Bruno, tu veux me parler de quelque chose ?

– Ben… oui.

Quelle surprise pour Madame Guillard. D'habitude Bruno disait : « Non, ce n'est rien. » même lorsqu'il avait des problèmes à l'école ou avec son père.

– Maman, tu as eu des copains avant de rencontrer papa ?

– Oui…

– Tu les as rencontrés où ?

Madame Guillard souriait.

– Mon premier amour n'était pas français. Il s'appelait Michael Oettli. Il était très beau ! Malheureu-

une tartine, tranche de pain recouverte de beurre et de confiture
tremper, mettre quelque chose, par exemple des tartines, dans un liquide, par exemple du chocolat chaud

sement, il était allemand.

– Pourquoi tu dis « malheureusement » ?

– Parce que je ne savais pas parler allemand et Michael ne savait dire que « Je t'aime » en français.

– Tu as rencontré Michael où, maman ?

– Sur la plage de Mimizan, sur la côte Atlantique.

Madame Guillard a repensé à ce temps passé avec Michael sur la plage de Mimizan. Il avait jonglé sur la plage et beaucoup de filles avaient admiré son talent, son corps, ses dents blanches et…

– Maman ?

– Oui, chéri ?

– Après Michael, il y a eu quelqu'un d'autre avant papa ?

Madame Guillard a réfléchi en souriant.

– J'ai eu aussi un copain qui s'appelait Antton.

– Comment ?

– Antton, c'est un nom basque. Il était drôle ! Il faisait toujours du yoga.

– C'est *ennuyant* le yoga, non ?

– Pas du tout, et c'est très bon pour la santé.

– Peut-être, mais ce n'est pas mon truc, ça.

– Et Antton était le seul homme du groupe !

– Ah oui ? a dit Bruno.

Après tout, cela vaudrait peut-être quand même la peine d'essayer.

pieuvre

Chapitre 5

Il y avait du monde dans la salle, au moins cinquante personnes.

– Et maintenant, messieurs-dames, nous allons adopter la position de la *pieuvre*. Regardez-moi bien…

Le professeur de yoga s'était allongé sur son matelas. Puis, elle a mis son pied gauche à droite de son genou droit. Et puis…

Les élèves étaient bien attentifs et ont imité le talentueux professeur. Après quelques minutes, le professeur s'est levé pour les aider.

ennuyant, pas intéressant

– Votre main, un peu plus à gauche, là... Vous pouvez tourner le bras un peu plus ? Oui, c'est bien...

La salle était une oasis de tranquillité. Tout le monde avait adopté la position de la pieuvre.

– Très bien. Et maintenant, vous pouvez vous allonger, décontractez-vous, respirez profondément.

Tous les élèves de yoga s'étaient allongés, bien décontractés et ils respiraient profondément. Tous, sauf un, qui ne pouvait plus bouger.

– Et maintenant, nous allons...

– Madame !

– Nous allons...

– MADAME !

– Oui, Monsieur ?

– Je ne peux plus bouger !

Le professeur regardait le pauvre élève. Il était toujours dans la position de la pieuvre.

– Au secours ! a dit la pieuvre.

Le professeur a posé sa main sur l'épaule de la pieuvre qui est tombée sur le côté.

– Aiiie !

Les autres yogis riaient. Ce garçon-là ne pouvait même pas prendre la plus simple des positions de yoga. Pourquoi alors était-il venu ?

Les femmes n'avaient pas trouvé de réponses. Sa première séance de yoga était aussi la dernière pour Bruno. Il existait certainement d'autres méthodes moins embarrassantes que celle-là pour trouver la femme de sa vie...

Chapitre 6

Bruno était en Afrique. Il devait trouver une cachette de diamants dans la jungle. Mais c'était une mission très dangereuse. Il y avait des serpents qui voulaient manger Bruno pour leur petit-déjeuner. Il y avait aussi des *araignées* qui pouvaient le tuer d'une seule piqûre ! Et, encore plus dangereux, il y avait les *guerriers* qui protégeaient la cachette des diamants. Tous les guerriers étaient équipés de kalachnikovs et de grenades. Sans aucun doute, Bruno trouverait la cachette des diamants… ou bien il trouverait la mort.

araignée, petit animal à 8 pattes qui mange des mouches
un guerrier, un soldat

Bruno n'était pas très bien équipé. Il avait juste un couteau, un pistolet et, heureusement, trois vies. Il marchait sur un petit chemin qui longeait un camp dans la jungle. Qui vivait dans ce camp ? Des amis qui pourraient l'aider ? Ou peut-être des gens méchants qui voudraient le tuer ?… Bruno *scrutait* le camp quand, soudain, il y a entendu une explosion et son corps s'est désintégré en millions de petits morceaux…

– Ces gens-là ne sont pas gentils.

– Merci, papa. Je n'en n'étais pas sûr…

Pendant sa deuxième vie, Bruno a *longé* le camp sans lever la tête. Il est arrivé devant une rivière mais comment faire pour la traverser ? Il n'était pas facile de se concentrer avec son père assis dans *un fauteuil,* un doigt dans le nez, qui parlait des femmes qu'il avait connues.

– Écoute-moi bien, Bruno. Le mariage, ce n'est pas un simple mot. C'est aussi une condamnation.

– Quoi ?

– Le mariage, c'est une condamnation. Une condamnation à vie !

Monsieur Guillard a bien ri de sa blague.

Bruno a trouvé un canoë *gonflable.* Lentement, il a commencé à traverser la rivière.

– Et ton copain Roland, il veut se marier ?

– Ben, je ne sais pas. Il m'a dit que…

scruter, regarder avec attention, observer, examiner
longer, suivre
un fauteuil, un siège très confortable
gonflable, dans lequel on met de l'air

Soudain, Bruno a entendu des tirs de kalachnikov. Il n'était pas mort mais son canoë gonflable était tout *troué*.

– Oh, non ! Je vais me *noyer* !

Monsieur Guillard a regardé l'écran.

– Mais non, tu ne vas pas te noyer.

Il avait raison. Soudain, deux grands crocodiles ont sauté dans le canoë. Le premier a mangé les jambes de Bruno. Le deuxième lui a mangé la tête.

– Tu dois tuer le premier avec ton couteau, comme ça, le deuxième le mangera lui et pas toi.

– Merci papa, a dit Bruno.

Le reste de son corps servait maintenant de nourriture aux piranhas de la rivière. C'est trop tard.

Pendant sa troisième vie, Bruno s'est fait un copain. C'était un habitant de la jungle qui connaissait les serpents et qui savait aussi où se trouvait la cachette des diamants...

– Moi, j'ai un petit conseil pour Roland.

Monsieur Guillard examinait sur son doigt quelque chose qu'il avait trouvé dans son nez.

– Ah oui ? a dit Bruno, qui était avec son copain de la jungle près d'un camp de méchants. Apparemment, c'était ici dans ce camp que se trouvaient la cachette des diamants et une princesse ! Une très jolie princesse. Son copain lui a montré comment utiliser le camouflage pour éviter de se faire voir par les cruels guerriers. Maintenant, Bruno se trouvait sous la maison où étaient cachés les diamants. Il y

trouer, faire des trous
noyer, mourir sous l'eau

avait des guerriers avec des kalachnikovs partout… Un seul petit bruit et c'était là mort… définitive !

– Il y a des sites web, a continué Monsieur Guillard. Il peut y mettre sa photo, quelques informations sur ses goûts, sur ce qu'il aime et ce qu'il n'aime pas.

– Et puis ?

Bruno a trouvé un petit trou sous le plancher de la maison. Les diamants y étaient-ils ? Il a mis la main dans le trou…

– Et il recevra plein d'e-mails de femmes.

– Non ! Non ! Mon ami ! Danger !

Son copain a essayé de l'aider mais trop tard. Clac ! Quelqu'un a coupé la main de Bruno avec une *machette*.

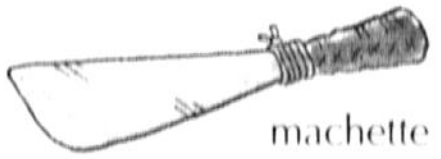

– Ah, mince !

– Pourquoi mince ? C'est bien de recevoir plein d'e-mails.

– Mince parce que j'ai perdu une main.

– Oh, c'est mauvais ça. Les rats vont sentir le *sang*.

Monsieur Guillard avait raison. Des rats, gros comme des chats, arrivaient pour goûter le sang de Bruno. Puis, ils ont goûté son bras. Il ne pouvait rien faire. Les rats ont commencé à lui dévorer les pieds…

– Je suis mort !

sang, liquide rouge dans ton corps

– Ben, c'est la vie, la mort, a dit Monsieur Guillard en souriant. L'amour et la mort. Presque la même chose, non ?

– Je ne crois pas, papa. En amour, personne ne va te donner un coup de machette pour te couper la main.

– C'est vrai ça, mais elles te prennent le cœur et le mange tout *cru*, sous tes yeux !

– Papa, je pense que tu as trop joué aux jeux vidéo.

– Ce n'est pas ça, Bruno. Tu ne me crois pas parce que tu ne connais pas bien les femmes !

Chapitre 7

– Et c'est sur ce site web que tu as connu Marianne et Nicole ?

– Oui, c'est ça.

Monsieur Guillard et son fils étaient devant l'ordinateur sur un « site de rencontres ».

– Regarde, c'est ma page.

– C'est toi, papa ? Bruno voyait un homme aux cheveux longs et au sourire charmeur.

– Ben oui, c'est moi.

– Regarde, tu as une *moustache* ! Tu avais quel âge sur la photo ?

– Oh, je ne sais pas, environ vingt-cinq ans.

– Et maintenant, tu en as quarante-trois... Tu es un tricheur, papa.

– Ben, non. Je ne triche pas. C'est bien moi sur la

cru, avant d'être cuisinée, la viande est crue

photo. Tu sais, il y a des gens qui mettent des photos de personnes connues. Ici, tu peux trouver Jennifer Lopez et Brad Pitt plusieurs fois.

– Bon, d'accord.

– Je dois sortir un moment mais tu peux regarder le site si tu veux. Cela te donnera peut-être des idées.

– Pour Roland ?

– Oui bien sûr, pour Roland.

Après le départ de son père, Bruno a regardé le site. Il y avait plein de gens qui cherchaient un compagnon ou une compagne. C'était triste de voir que sur les plus de six milliards de personnes que compte la planète, il y avait tant de personnes seules. Naturellement, Bruno n'était pas seul comme ces gens sur le site de rencontres. Lui, il cherchait simplement l'amour de sa vie. Peut-être qu'avec l'aide de ce site, il va trouver quelqu'un qui cherche la même chose que lui. Un amour pour toute la vie. Un amour vrai et profond.

Au retour de son père, deux heures plus tard, Bruno avait bien travaillé. Il s'était *créé* sa propre page sur le site de rencontres.

– Alors, tout va bien ? a demandé son père en souriant.

– Oui, je me suis créé une petite page sur le site.

– Ah oui ?

– Oui, juste pour voir si ça marche. Si ça marche bien, je pourrai alors aider Roland.

– Ah oui, Roland. Il sera content, sans aucun doute.

– TRÈS content, a répondu Bruno.

Chapitre 8

Sa mère aussi avait un ordinateur. Un portable tout neuf, mais malheureusement, pas avec des jeux comme chez son père. Mais sa mère avait l'ADSL. Dans le village où habitait son père près de Toulouse, il n'y avait pas l'ADSL. Quand celui-ci voulait se connecter à Internet, il devait attendre cinq heures et puis après c'était très lent... C'était beaucoup plus rapide d'aller directement en vélo chez ses amis que d'attendre les mails chez son père !

Bruno s'est connecté à Internet chez sa mère.

créer, faire, fabriquer

Dans un instant, il sera connecté. D'habitude, la première chose que fait Bruno, c'est de regarder le nombre d'e-mails qu'il a reçu mais, cette fois, il est d'abord allé sur son site de rencontres. Y avait-il des e-mails pour lui ?

Oui ! Plus de vingt e-mails ! Bruno se disait qu'avec vingt e-mails, il allait bien trouver une femme (au moins !) qui était parfaite pour lui.

Mais laquelle ? Bruno a commencé à lire...

Ce n'était pas juste ! Le premier e-mail venait d'une entreprise qui disait que Bruno pouvait emprunter 100.000 dollars à un taux très avantageux... Mais non ! Il cherchait une petite amie, pas une maison !!! Le deuxième e-mail disait qu'il avait gagné à une loterie européenne ! Ah oui ? Il avait gagné sans acheter de billet ? Qui était assez bête pour croire cette histoire ? Certainement pas Bruno. Il a donc continué à lire...

Enfin ! Un e-mail venant d'une femme :

Salut mon amour (Ça commence bien) Je m'opel Irina et je suis une fem Russe. Je suis tres bell et tres amoureu. (Peut-être que tu es belle et amoureuse, Irina, mais en orthographe, tu es nulle !)

Je cherche un homme qui es bo, genti et riche! (Je suis « bo » et « genti » mais riche, non, Irina. Désolé.)

Bruno a remarqué que les femmes qui avaient écrit ne disaient jamais « Salut Bruno » mais toujours « Salut mon amour, Salut mon chéri, etc. ». Il semblait que les femmes envoyaient des e-mails à n'importe quel *mec* qui avait un site de rencontres. Il

un mec, (fam.) un jeune homme

avait reçu des e-mails de femmes de vingt-cinq ans, de trente ans, et même d'une norvégienne de quarante-huit ans ! Elle était plus âgée que sa mère !

Bruno avait presque perdu espoir quand il a ouvert le seizième e-mail. C'était un e-mail pas comme les autres. Il commençait par « Salut Bruno », contrairement aux autres. L'e-mail continuait ainsi :

Salut Bruno,

J'espère que je ne te dérange pas. (Pas pour l'instant.) Je m'appelle Heidi, j'ai quinze ans (Parfait !) et je suis allemande (Une étrangère – exotique !). J'ai appris le français à l'école et j'aimerais bien un copain français. Est-ce que tu veux échanger des courriers électroniques avec moi? (Des courriers électroniques ? Des e-mails, Heidi ! Personne ne dit « courriers électroniques » !) J'espère que nous pourrons être amis, Bruno - ha, j'aime bien ton nom ! (Et moi le tien, Heidi !) Ma cousine a un chien qui s'appelle Bruno et il est *mignon*! (Un chien ?... Hm.)

Bis Bald Bruno ?

Heidi xx

Oh là là ! Des bisous allemands ! C'est comme des bisous français ? Bruno s'est mis à rêver... Mais, au fait, il ne connaissait rien de Heidi. Peut-être était-elle idiote, arrogante et laide. Oh non, il était sûr que « son » Heidi n'était ni idiote, ni arrogante, ni laide. Elle devait être intelligente (comme Bruno, ou peut-être un peu moins), sympa (exactement comme Bruno) et vachement belle (tout le monde

mignon, beau, joli
Bis bald, (allemand) a bientôt

savait que Bruno était le plus beau garçon du monde). Bon, il devait répondre à Heidi...

Salut Heidi !

Merci pour ton e-mail (on ne dit pas courrier électronique) ! Moi, je m'appelle Bruno, j'ai seize ans et j'habite à Pau, aux pieds des Pyrénées dans le sud-ouest de la France.

Je parle français (évidemment) et anglais mais je ne connais que trois mots d'allemand...

J'aime bien voyager. J'espère que tu aimes bien ça aussi. Je t'envoie une photo. Je ne suis pas Brad Pitt mais je ne suis pas moche non plus.

A bientôt, j'espère.
Bisous
Bruno xx

Chapitre 9

Les semaines suivantes, Heidi et Bruno ont échangé plusieurs e-mails. Heidi a appris que Bruno adorait le sport et qu'il allait peut-être un jour faire partie de l'équipe de France de football. Elle a aussi appris qu'il savait jongler mais qu'il ne voulait pas travailler dans un cirque. Heidi a vu sa photo :

un beau visage et des cheveux courts comme un *hérisson*.

Bruno a appris que Heidi aussi adorait le sport, qu'elle jouait au handball ainsi qu'au foot ; qu'elle aimait bien lire, voyager, aller au cinéma, rester chez elle avec ses copines et faire du cyclotourisme, quelque chose que Bruno ne connaissait pas.

– Papa, c'est quoi le cyclotourisme ?

Monsieur Guillard a *baissé* sa musique.

– Quoi ?

– Le cyclotourisme, c'est quoi ? a répété Bruno.

– Ben… c'est du tourisme, avec des vélos.

– Merci, papa, a dit Bruno, qui voyait bien que son père ne savait pas non plus.

guidon

Bruno a donc fait un peu de recherche sur son ordinateur. Il a trouvé des informations sur le cyclotourisme : c'est partir en vacances en vélo avec tous ses bagages, les grands sacs derrière, les deux petit sacs devant et un petit sac au *guidon*. Il a aussi lu les aventures de personnes qui ont fait le tour du monde en vélo ! Cela devait être incroyable. Bruno imaginait un tour du monde en vélo avec Heidi. Tous les jours, les gens sur le bord de la route les applaudiraient, comme au Tour de France, et puis, chaque nuit, il dormirait à côté de Heidi dans une tente…

– Je t'ai demandé si tu voulais une boisson ? a

baisser, réduire, moins fort

demandé Monsieur Guillard pour la troisième fois.

– Non merci. Papa, où allons-nous en vacances cet été ?

– Ça sera une surprise ! a répondu Monsieur Guillard, qui n'avait pas encore pensé aux vacances.

– Ça veut dire que tu n'as pas encore pensé aux vacances…

– Ben… oui et non, a répondu son père avec sa précision habituelle.

– Est-ce que nous pouvons faire du tourisme en vélo ?

Heidi serait vraiment fière de lui s'il faisait du cyclotourisme.

– Ben, nous pourrions aller en Allemagne. J'ai des amies là-bas.

– Ah oui ? Des copines d'Internet ?

– Ben…

Bruno a compris. Mais l'Allemagne est si loin de Pau, c'est dommage ! On ne peut pas y aller en vélo. Mais, voyons voir…

Après quelques minutes de réflexion, Bruno a trouvé une solution. On peut prendre le train avec les vélos jusqu'à Paris puis jusqu'à Strasbourg, à la frontière allemande ! Bruno pourra alors faire du cyclotourisme et son père pourra rendre visite à ses copines. Mais, au fait, Heidi habite à Tübingen pas trop loin de la frontière. Peut-être que…

– Papa… ?

Chapitre 10

– Tu vas aller en vacances en Allemagne ?

– Oui.

cerises

– Avec ton père ?

– Oui.

– En vélo ?

– Oui, a répondu Bruno à sa mère pour la troisième fois. Nous prendrons le train jusqu'à la frontière et puis nous visiterons la Forêt Noire en vélo.

– La Forêt Noire ? Tu veux dire le « Schwarzwald » ! Tu vas manger une *Schwarzwaelder Kirschtorte* !

– C'est quoi ?

– C'est un gâteau allemand avec plein de crème, de chocolat et de *cerises*. Hm... miam miam !

– Tu as déjà mangé une Schwarzkirsch waeldertorte, maman ?

– Une Schwarzwaelder Kirschtorte ! Oh oui, a dit Madame Guillard.

Elle pensait à son copain en Allemagne. Elle avait passé de très bonnes vacances avec Michael dans la Forêt Noire, et au château de Neuschwanstein. Ils étaient aussi allés en Suisse pendant l'hiver. C'est là qu'elle a fait du ski pour la première fois. Elle était tombée dans la neige et Michael l'a…

– Maman ?

– Oui, mon chéri ?

Madame Guillard était sortie de sa rêverie.

Schwardwaelder Kirschtorte, (allemand) gâteau typique de la Forêt Noire

– Je peux aller en Allemagne avec papa, alors ?

Madame Guillard a réfléchi. Bruno et son père allaient faire environ huit cents kilomètres en vélo. Le père de Bruno n'était pas l'homme le plus intelligent du monde, mais c'était un brave homme. Cela serait une bonne aventure pour tous les deux.

– Oui, mon chéri. Mais à une condition.

– Laquelle ?

– Tu dois me ramener une Schwarzwaelder Kirschtorte !

Chapitre 11

– Papa ?

– Oui ?

– Je crois que je vais mourir.

– Moi, c'est déjà fait, a répondu Monsieur Guillard. Ça fait déjà trois jours que je suis mort !

Bruno et son père étaient en vélo dans la Forêt Noire. Bruno et son père avaient pris le train jusqu'à Strasbourg. Bruno avait tout de suite voulu aller à Tübingen, parce qu'il avait entendu dire que c'était une très jolie ville. Mais Monsieur Guillard avait « quelque chose à faire à Freiburg ». « Juste un petit tour » avait-il dit…

La nuit dernière, il était rentré au camping très tard. Il avait un peu chanté dans la tente jusqu'à ce que les voisins crient : « *Hör auf damit* ! » Après ça, il s'était endormi et puis il avait *ronflé* fort toute la nuit.

Hör auf damit!, (allemand) arrête !
ronfler, faire du bruit (avec le nez) en dormant

Bruno et son père faisaient une petite pause de trois heures sous un arbre. Il faisait chaud et les deux hommes n'étaient pas dans les meilleures conditions physiques. Naturellement, Bruno pensait à Heidi.

Est-ce qu'il aurait dû lui dire qu'il venait ? Ou valait-il mieux lui faire la surprise ? Ils s'étaient envoyés plusieurs e-mails et, petit à petit, Bruno était tombé amoureux. Est-ce que c'en était de même pour Heidi ? Elle ne lui avait jamais envoyé de photo, dommage. Mais elle lui avait dit plusieurs choses qu'il avait aimé : elle avait de longs cheveux noirs et un beau sourire… Elle aimait les mêmes choses que Bruno : la musique, le sport et, maintenant, le cyclotourisme. Oui, Bruno aimait le cyclotourisme. Il le devait. Son amour aimait le cyclotourisme, il se devait donc d'aimer la même chose. Même s'il était mort de fatigue.

– Allez papa ! Nous allons à Tübingen !

Monsieur Guillard s'est retourné et a commencé à ronfler…

Chapitre 12

– Papa ! On y est !

Effectivement, ils y étaient. Tübingen. La ville où habitait l'amour de Bruno. Heureusement qu'il avait son adresse. Il lui avait envoyé une carte postale des Pyrénées une fois. Mais après quatre jours en vélo, il était très fatigué. Il fallait trouver un camping, prendre une douche, se laver les cheveux et…

– Bruno ?

– Oui ?

– C'est pas mal Tügbingen, mais pourquoi avoir choisi cette ville ?

– Cette ville s'appelle Tübingen, papa. Et c'est une ville très intéressante. Viens, je vais te montrer quelque chose.

Bruno et son père ont poussé leurs vélos dans les rues piétonnes de Tübingen. Avec ses très vieilles façades, c'était une ville pleine de charme et, aux yeux de Bruno, tellement romantique !

– Regarde, Papa !

Monsieur Guillard a regardé. Il y avait une petite plaque avec trois mots.

– Je ne comprends pas, a dit Monsieur Guillard. Qu'est-ce que ça veut dire *Hier kotzte Goethe* ?

– Tu connais Goethe, papa ?

– Ben, oui. Il joue pour le Bayern de Munich, non ?

– Mais non, papa. Johann Wolfgang von Goethe ne joue pas pour le Bayern de Munich. Il est mort depuis plus de 150 ans !

– Ah bon ?

– Oui, il est connu dans le monde entier. Il était poète, écrivain, philosophe et c'était aussi un homme de sciences...

– Ah bon. Donc, aujourd'hui, c'est mercredi. Qu'est-ce qu'il a fait mardi ?

– Quoi ? a dit Bruno.

Il ne comprenait pas du tout ce que voulait dire son père.

– Mardi, a répété Monsieur Guillard. Hier.

– Hier ?

Hier kotzte Goethe, Bruno l'explique à son père (et à toi)

– Oui, *hier kotzte Goethe.*

Bruno comprenait enfin.

– Mais non, papa. C'est de l'allemand. *Hier* en allemand signifie *ici* en français.

– Merci, mon fils. Je suis content de voir que tu as reçu mes gènes de l'intelligence ...

Bruno n'a pas jugé utile de répondre. C'était parfois plus simple de ne rien dire.

– Donc, qu'est-ce qu'il a fait ici, ce Monsieur Goethe ?

– Il a *vomi.*

– Vomi ?

– Oui, comme toi au camping, il y a trois jours.

– Ah oui, mais moi, j'ai dû manger quelque chose de pas frais.

– D'accord, papa. Et moi, je vais gagner le Tour de France l'an prochain.

Après avoir mangé une glace dans le centre historique de Tübingen, les deux cyclistes français se sont rendus au camping, au bord de la rivière Neckar. Ils ont monté la tente et puis Bruno est parti prendre une douche. Quand il est revenu, son père était en train de discuter avec trois femmes.

– Et voilà mon fils Brubru !

– Salut, Brubru ! lui ont dit les femmes (qui étaient, évidemment, françaises). Ton père nous a raconté l'histoire de votre voyage. C'est incroyable !

– Oui, après cinq jours passé sur un vélo, c'est...

– Cinq jours ?? s'est écriée la femme trop maquillée. Ça, c'est incroyable ! Pau-Tübingen en

vomir, quand la nourriture de ton estomac revient par ta bouche

cinq jours ! Ça fait combien de kilomètres par jour ?

– Pff, beaucoup, a répondu Monsieur Guillard. Mais Bruno a insisté pour venir à Tügbingen.

– TÜbingen, ont corrigé ensemble Bruno et les trois femmes.

– Oui, Tübingen. Bruno est un intellectuel. Il aime bien Herr Kotzt.

– Herr Kotzt ? a demandé la femme brune aux *mèches blondes*.

– Papa…

– Vous ne connaissez pas Herr Kotzt ? s'est étonné Monsieur Guillard. Il était poète, écrivain, philosophe et c'était aussi un homme de sciences…

– Comme Goethe ? a questionné la femme qui avait un *grain de beauté* sur la joue.

Bruno a regardé son père. Il a vu le moment où celui-ci a réalisé qu'il avait dit une bêtise. Mais son père était un expert de ce genre de situations :

– Oui, c'est exactement ça. Goethe et Herr Kotzt ont travaillé ensemble sur… beaucoup de choses.

– Vous êtes un expert ? a demandé la brune aux mèches blondes.

– Bof, a répondu Monsieur Guillard.

– C'est incroyable. Eric est un cycliste phénoménal, c'est aussi un sage et également un expert en grands philosophes allemands !

La femme trop maquillée était très admirative. – Goethe et…

– Herr Kotzt, a dit la femme au grain de beauté.

Monsieur Guillard a haussé les épaules.

– Papa ?

– Oui, mon petit Einstein ?

– Je vais en ville. Je vais à la bibliothèque et à

l'hôtel de ville.

– D'accord. Moi, je reste un peu ici avec...

Soudain, Monsieur Guillard a commencé à *humer* l'air.

– Bruno, tu as pris mon eau de toilette ?

– Juste un peu...

– Et tu vas à la bibliothèque et puis à l'hôtel de ville ?

– Ben, oui.

– Bonne chance ! a dit Monsieur Guillard, puis il lui a fait *un clin d'oeil* et lui a donné vingt euros.

– Merci, papa. Toi aussi.

un clin d'oeil

Chapitre 13

Bruno était dans un pays étrange. Les *indigènes* le regardaient. Qui était gentil ? Qui ne l'était pas ? Est-ce que Bruno allait réussir sa mission ? La mission la plus importante de sa vie. Il n'avait droit qu'à une seule vie. S'il est mangé par des crocodiles ou tué par de cruels guerriers, ça sera la fin. GAME OVER. Mais il n'était pas loin de son but. Bruno était équipé d'un bouquet de roses et de chocolats français. Il a regardé la carte pour la cinquième fois. Oui, il était dans le bon quartier. Ici à gauche, et puis à droite.

humer, sentir
indigènes, natifs d'un pays

Le cœur de Bruno a commencé à *battre la chamade*. Il y était. Le numéro quinze.

Il a laissé son vélo et, les jambes en *compote*, Bruno est allé à la porte et a sonné.

Ding Dong.

Qui va ouvrir la porte ? Le père de Heidi peut-être ? Est-ce qu'il sera gentil ? Que dira-t-il lorsqu'il apprendra que sa fille est tombée amoureuse d'un étranger ? Heidi n'avait pas parlé de frères ou de sœurs... mais peut-être que ce sera Heidi elle-même qui ouvrira la porte. Peut-être qu'elle pleurera quand elle apprendra qu'il a fait tout ce voyage en vélo pour la voir. Peut-être...

battre la chamade, battre très vite et très fort
compote, comme de la marmelade

– *Guten Abend,* a dit un monsieur d'environ soixante-dix ans. Le père de Heidi ? Ou plutôt son grand-père ?

– Guten Abend, a répondu Bruno. *Hier ist Heidi* ?

Le monsieur regardait Bruno d'un air méfiant.

– *Ja. Ein Moment.*

Il s'est retourné et a crié : Heidi ! *Ein junger Mann will dich sprechen* !

Le cœur de Bruno s'est mis à battre encore plus vite. Il allait enfin rencontrer la femme de sa vie. Que devait-il faire ? Faire la bise comme en France ? *L'étreindre* ? Devait-il lui donner les fleurs et les chocolats avant la bise ou après ?

Peut-être...

– Bonsoir Bruno.

boucle

Chapitre 14

Heidi n'avait pas quinze ans. Elle n'avait pas de longs cheveux noirs. Elle avait plutôt soixante-cinq ans et les cheveux gris *bouclés*.

– Mais... ce n'est pas... tu as... vous avez... je pensais...

Guten Abend, (allemand) bonsoir
Hier ist Heidi, (allemand) Heidi est là (il faut dire que Bruno ne parle pas bien allemand)
Ja, ein Moment, (allemand) oui, un moment
Ein junger Mann will dich sprechen, (allemand) Un jeune homme veut te parler
l'étreindre, serrer dans ses bras

Les roses de Bruno étaient tombées de ses mains par terre et son cœur s'était cassé en millions de petits morceaux. Puis, il s'est mis à pleurer.

– Viens Bruno, lui a dit Heidi. On va prendre un thé. Je dois te donner une explication.

Dans la cuisine de Heidi et Johann, Bruno avait l'étrange impression d'être dans un rêve, mais un rêve horriblement désagréable. C'était un vrai *cauchemar* !

– Je n'aurais jamais pensé que tu viendrais ici, a dit Heidi. Je pensais que nous ne resterions que des amis électroniques.

– J'ai fait plus de 1000 km pour te voir. Non, pour voir Heidi, une jeune fille de quinze ans...

– Je suis désolée, Bruno. Je ne voulais que pratiquer mon français. J'étais prof de français, il y a vingt ans. Je ne pensais pas à mal. Tu vois, nous n'avons pas d'enfant et...

Puis Heidi a commencé à pleurer.

Bruno ne savait plus que penser. Cela lui faisait de la peine d'apprendre que Heidi n'était pas « son » Heidi. Il était fâché contre elle parce qu'elle lui avait menti depuis plusieurs mois. Mais il avait en même temps de la compassion pour cette vieille femme qui pleurait à côté de lui.

La vie est parfois bien compliquée...

cauchemar, rêve qui fait peur

Chapitre 15

– L'intellectuel est revenu ! s'est écrié Monsieur Guillard qui était toujours avec les trois femmes au café du camping. C'était bien ta visite à la...bibliothèque et à l'hôtel de ville ? Monsieur Guillard a lui refait un clin d'œil.

– Que s'est-il passé Bruno ? a demandé la femme trop maquillée. Ton visage... on dirait que tu as vu un fantôme !

Puis, Bruno s'est remis à pleurer et s'est sauvé sous la tente.

– Les intellectuels sont des gens sensibles, a commenté la femme au grain de beauté.

Dans la tente, Bruno s'est mis à réfléchir sur tout ce qui s'était passé ces six derniers mois. Il était certain maintenant qu'il n'était pas possible de trouver l'amour par Internet. Qui pouvait croire que c'était possible ? Non, il fallait rester à Pau. Il trouverait certainement un jour l'amour de sa vie. Il fallait simplement un peu de patience. Heidi n'était pas méchante. Il y avait sûrement beaucoup de gens qui mentaient sur Internet. C'était trop facile, ce système de rencontre. Mais maintenant, il savait. Il avait appris quelque chose à Tübingen. Il y a des choses qu'on ne peut pas apprendre à l'école. Après son séjour en Allemagne, il ne sera peut-être plus très joyeux, mais il sera certainement plus sage.

Chapitre 16

Quatre jours plus tard, Bruno était de retour chez lui.

Ding Dong.

– Bruno !

– Salut maman.

– Qu'est-ce qui s'est passé Bruno ? Ça ne va pas ? Ton père a eu un accident ?

– Non, non, tout va bien pour papa.

– Mais il y a quelque chose qui ne va pas.

– Oui, maman.

– Dis-moi tout, Bruno. Je suis ta maman. Tu peux me parler.

Bruno s'est assis dans un fauteuil. Sa mère était à côté de lui. Elle avait peur. Evidemment, quelque chose avait dû mal se passer en Allemagne.

– Maman ?

– Oui, Bruno. Je t'écoute.

– J'ai oublié ta Schwarzwaelder Kirschtorte !

FIN

Cyclotourisme
http://membres.lycos.fr/jacqpat/index.htm

Tübingen
http://fr.wikipedia.org/wiki/T%C3%BCbingen

Goethe
http://fr.wikipedia.org/wiki/Johann_Wolfgang_von_Goethe

Hier Kotzt Goethe
http://naturweg.de/blog/blogfotos/goethe_tuebingen.jpg

Questions de compréhension

Chapitre 1
Un copain de Bruno, Raymond Guyonnet, a contacté Bruno. Comment l'a t-il contacté ? Qu'est-ce qu'il lui a dit ?

Chapitre 2
Qui est « un imbécile de mouton » ? Et pourquoi ?

Chapitre 3
Le gorille devant la boîte de nuit a demandé a Bruno s'il avait ses papiers. Il les avait mais il a dit non. Pourquoi ?

Chapitre 4
Bruno a perdu sa tartine dans son chocolat chaud. Pourquoi ?

Chapitre 5
Bruno trouvait le yoga ennuyant – mais il y est allé quand même. Pourquoi ?

Chapitre 6
Bruno a perdu la vie trois fois dans le chapitre six. Comment a-t-il trouvé la mort ?

Chapitre 7
Bruno voulait aider Roland à trouver une copine – mais Roland avait déjà une copine. Un peu bizarre, non ?

Chapitre 8
Combien Bruno a-t-il reçu d'e.mails ? Il en a répondu à combien ?

Les adjectifs dans la première moitié de l'histoire. Lesquels sont positifs ? Lesquels sont négatifs ?

Sage • petite • spéciale • infantile • facile • américaine • blonde • gros • laid • bonne • grand • fort • violent • gentille • chaud • long • parfumé • maquillé • beau • allemand • drôle • ennuyant • embarrassant • dangereux • gonflable • jolie • charmeur • triste • vrai • profond •

Positifs	Ni positifs ni négatifs	Négatifs
Sage,		

Roland Guyonnet				parce qu'il ne peut pas entrer dans la boîte de nuit.
Bruno Guillard		**est content (e)**		quand elle pense à Michael Oettli.
Nicole (la copine de Eric Guillard)				parce qu'il a une copine qui est blonde et jolie.
La mère de Bruno		**n'est pas content (e)**		parce qu'elle n'aime pas les jeux vidéo violents.
Le père de Bruno				parce qu'il a perdu deux copines en une semaine.

Deuxième Partie

Chapitre 9
Qu'est-ce que le cyclotourisme ?

Chapitre 10
Où la mère de Bruno a-t-elle rencontré Michael Oettli ? Qu'ont-ils fait ensemble ?

Chapitre 11
Eric Guillard a ronflé dans deux endroits. Lesquels ?

Chapitre 12
Monsieur Guillard a fait un clin d'oeil et a donné vingt euros à Bruno. Pourquoi ?

Chapitre 13
au chapitre 13, Bruno joue à un jeu de vidéo. Vrai ou faux ?

Chapitre 14
Bruno et Heidi ont pleuré. Pourquoi ?

Chapitre 15
Monsieur Guillard a refait un clin d'œil. Pourquoi ?

Chapitre 16
Madame Guillard a demandé si le père de Bruno avait eu un accident. Pourquoi le craignait-elle ?

Qu'en penses-tu ?

1. Est-ce que les filles à l'école sont, en général, plus infantiles que les garçons ?

2. Est-ce que tu penses que les gens qui jouent aux jeux vidéo violents sont plus violents que les autres qui n'en jouent pas ?

3. Est-ce que tu peux adopter la position de la pieuvre ?

4. Est-ce que tu as déjà essayé le cyclotourisme ?

5. Est-ce que tu as déjà mangé une Schwarzwaelder Kirschtorte ?

6. Heidi était méchante. Oui ou non ?

7. La vie est parfois bien compliquée. Tu es d'accord ?

Trouvez d'autres activités sur
www.easyreaders.eu

TITRES DÉJÀ PARUS:

ANGLAIS:
NIVEAU 0:
Philip Hewitt: EMMA AND THE BOY NEXT DOOR (Sound)
Ann Halam: THE SHADOW ON THE STAIRS

NIVEAU 1:
Pete Johnson: RUNAWAY TEACHER
Alan Posener: THE DOUBLE LIFE OF A VERY BLACK CAT
Stephen Speight: BED & BREAKFAST (Sound)
Stephen Speight: THE RUNAWAY
Jeremy Taylor: DR SCHNITZLER'S DOG
Jeremy Taylor: ALL 4 LOVE (Sound)
Wolf/Ferro: THE MISSING MASCOT (Sound)

NIVEAU 2:
Rita Bennet: THE SCARY CHAT ROOM (Sound)
Kevin Brooks: JOHNNY DELGADO PRIVATE DETECTIVE
Annie Dalton: FRIDAY FOREVER
Paul Davenport: HORROR TRIP ON THE PECOS RIVER (Sound)
James Heneghan: HIT SQUAD
James Heneghan & Norma Charles: BANK JOB
Philip Hewitt: HELPING HANDS
Philip Hewitt: TERROR IN THE HILLS
George Ivanoff: THE BOOKWORM MYSTERY
Karen McCombie: LOVE IS THE DRUG
E.E. Richardson BLACK BONES
E.E. Richardson DEVIL FOR SALE (Sound)
Stephen Speight: THE FJORD MURDER (Sound)
Stephen Speight: SUMMER SCHOOL ADVENTURES
Andy Stanton: STERLING AND THE CANARY
Jeremy Strong: MAD IRIS
Jeremy Taylor: FOOTBALL FRIENDS (Sound)
Jeremy Taylor: LUKE (Sound)
Lee Weatherly: THEM

NIVEAU 3:
Anne Cassidy: TALKING TO STRANGERS
Paul Davenport: CROSSROADS TO LOVE (Sound)
Paul Davenport: SNAKEMAN
Charles Ferro: HORROR AT REMSEN HIGH
Charles Ferro: MOONSTRUCK
Charles Ferro: LOVE TIES
Charles Ferro: BURNING LOVE
Charles Ferro: THE FORTUNE TELLER
Charles Ferro: KOOL-1
Charles Ferro: THE CAVE MYSTERY
Charles Ferro: VAMPIRE SKELETONS
Charles Ferro: VOODOO ZOMBIES
Philip Hewitt: QUEST FOR A FATHER
Sylvia Olsen: YELLOW LINE
Alan Posener: OH! CAROL and Other Steve Stories
Jeremy Taylor: LOVE ME BLINDLY
Tony Varrato: FAKIE

NIVEAU 4:
Charles Ferro: FOREVER YOUNG
Charles Ferro: OVER THE LINE
Philip Hewitt: SECRETS
Holly-Jane Rahlens: ONE FINE DAY

ALLEMAND:
NIVEAU 0:
Iris Felter: MÄDCHEN & DER JUNGE AM MEER (Sound)
Greta Gallandy: KEINE ANGST? (Sound)
Patricia Mennen: KOPFTUCH

NIVEAU 1:
Iris Felter: TANZ MIT MIR!
Greta Gallandy: IM CHATROOM GEFANGEN
Alan Posener: KATER, INES UND KATERINA

NIVEAU 2:
Alan Posener: MÄRCHENLAND
Elsegret Ruge: VIER FREUNDE – ABENTEUER IN MÜNCHEN (Sound)

NIVEAU 3:
Alan Posener: OLLI AUS OSSILAND

FRANÇAIS:
LEVEL 0:
Laurent Jouvet: RADIO MYSTÈRE (Sound)
Christiane Stéfanopoli: CATASTROPHE AU CAMPING DES ROSES (Sound)

NIVEAU 1:
Michel Amelin: CENT VINGT MINUTES POUR MOURIR
Pascal Garnier: LES ENFANTS DE LA NUIT (Sound)
Lenia Major: LA LETTRE MYSTÉRIEUSE
Brigitte Peshine: MON GRAND PETIT FRÈRE (Sound)
Jérôme Talou: PARCE QUE JE T'AIME

NIVEAU 2:
Stéphane Daniel: UN AGENT TRÉS SECRET
Anna Gavalda: 35 KILO D'ESPOIR
Charlotte Gingras: UN ÉTÉ DE JADE
Laurent Jouvet: ANNE ET L'ORDINATEUR (Sound)
Laurent Jouvet: RÉPÉTITION POUR UN CRIME
Jérôme Talou: L'AMOUR PAR INTERNET (Sound)
Paul Thiés: UN AUTOMNE ROUGE SANG (Sound)

NIVEAU 3:
Michaël Ollivier: FRÈRES DE SANG
Jérôme Talou: BRUNO ET L'AMOUR

NIVEAU 4:
Hallum/Louveau: CHOC DES CULTURES

ESPAGNOL:
NIVEAU 0:
Jaime Corpas: AMIGOS VIRTUALES
Javier Navarro: UN MUNDO FANTÁSTICO

NIVEAU 1:
Jaime Corpas: MISTERIO EN LA SAGRADA FAMILIA
Javier Navarro: UNA HISTORIA DE MONTAÑA

NIVEAU 2:
Javier Navarro: LAS ESTATUAS DE MACHU PICCHU

READ ON SERIES
ANGLAIS:
NIVEAU 2 (A2) – including CD
Benni Bødker: SARIN IN SULPHUR VALLEY
Benni Bødker: SARIN IN THE EMPEROR'S CITY
Benni Bødker: SARIN IN THE FOGGY MOUNTAINS
Benni Bødker: SARIN IN NORDHEIM
Benni Bødker: SARIN IN THE SALT MINE
Benni Bødker: SARIN AND THE STAR TOWER

A-TEAM SERIES
– Free mp3 available at www.easyreaders.eu
NIVEAU 3:
Daniel Zimakoff & Ida-Marie Rendtorff: THE COMPUTER MYSTERY
Daniel Zimakoff & Ida-Marie Rendtorff: THE STOLEN MONKEY
Daniel Zimakoff & Ida-Marie Rendtorff: KIDNAPPED

LABYRINTH SERIES:
ALLEMAND: NIVEAU 3 (A2/B1):
Martina Gattermann: AUF GEFÄHRLICHEN WEGEN (Sound)
Martina Gattermann: EIN DRAMATISCHER URLAUB (Sound)
Martina Gattermann: SOS AUS WIEN (Sound)
Martina Gattermann: HORROR IN HINTERTUX
Martina Gattermann: ABENTEUER IN BERLIN

Sound: Available as either Mp3 or CD, check www.easyreaders.eu